BEI GRIN MACHT SICH IHR WISSEN BEZAHLT

Fatih Vapur

Jugend und Migration im Sport. Analysen und Probleme

GRIN Verlag

Bibliografische Information der Deutschen Nationalbibliothek:

Die Deutsche Bibliothek verzeichnet diese Publikation in der Deutschen National-bibliografie; detaillierte bibliografische Daten sind im Internet über http://dnb.d-nb.de/ abrufbar.

Impressum:

Copyright © 2006 GRIN Verlag GmbH
Druck und Bindung: Books on Demand GmbH, Norderstedt Germany
ISBN: 978-3-638-72553-8

Dieses Buch bei GRIN:

http://www.grin.com/de/e-book/71416/jugend-und-migration-im-sport-analysen-und-probleme

GRIN - Your knowledge has value

Der GRIN Verlag publiziert seit 1998 wissenschaftliche Arbeiten von Studenten, Hochschullehrern und anderen Akademikern als eBook und gedrucktes Buch. Die Verlagswebsite www.grin.com ist die ideale Plattform zur Veröffentlichung von Hausarbeiten, Abschlussarbeiten, wissenschaftlichen Aufsätzen, Dissertationen und Fachbüchern.

Besuchen Sie uns im Internet:

http://www.grin.com/

http://www.facebook.com/grincom

http://www.twitter.com/grin_com

Universität Duisburg-Essen

Fachbereich 2

Sport- und Bewegungswissenschaften

Wintersemester 2005/06

Zwischenprüfung

Jugend und Migration im Sport
- Analysen und Probleme -

Vorgelegt von:

Fatih Vapur, Sek. I – II

Inhaltsverzeichnis

1. Einleitung

In meinen folgenden Ausführungen befasse ich mich mit dem Thema „Jugend und Migration im Sport - Analysen und Probleme. Als Bildungsausländer, der sein Studium in Deutschland fortsetzt, wurde mein Interesse an diesem Thema durch die Teilnahme an Seminaren im Grundstudium der Sportpädagogik der Universität Duisburg-Essen geweckt.

Auch die Tatsache, dass Deutschland ein Einwanderungsland ist, verstärkte den Wunsch, meine eigenen Erkenntnisse auf diesem Forschungsgebiet weiter zu vertiefen. Als Jugendtrainer hatte ich überwiegend mit ausländischen Jugendspielern Kontakt. Ich möchte mit Hilfe der vorhandenen Literatur[1] einen Einblick in den bisherigen Forschungsstand über das von mir gewählte Thema geben und dabei meine eigenen Erfahrungen dieser Arbeit gegenüber zu stellen.

Im Mittelpunkt meiner folgenden Ausführungen steht die Auseinandersetzung mit den inhaltlichen Aspekten der beiden Phänomene „Jugend" und „Migration" im Sport.

1 Jugend und Migration und deren Bedeutung

1.1 Jugend als Lebensphase

Der Lebensabschnitt Jugend wird nach sozialisationstheoretisch basiertem Ansatz als eine selbstständige Lebensphase betrachtet und besteht somit nicht nur als Überbrückungsphase zwischen dem Kind- und Erwachsenendasein.[2]

Die Jugendphase beginnt heute bei Mädchen und Jungen im Vergleich vor 30 Jahren bereits mit dem Beginn der Pubertät im Alter von 11,5 bis 12,5 Jahren, und unterliegt in der heutigen Auffassung großen strukturellen Wandlungen.

---

[1] Schmidt, Der Erste Jugend und Sportbericht, 2003
[2] Vgl. Wolf-Dietrich Brettschneider, Kinder und jugendliche mit Migrationhintergrund und Sport, S.43

Sowohl der Beginn als auch das Ende dieser Zeit sind von Veränderungen betroffen, so dass die Integrations- und Individuationsprozesse eine Verschiebung nach vorn erfahren. Auf der anderen Seite hat die Jugendphase durch die Bildungsexpansion und die Verschlechterung der Arbeitsmarktsituation eine zusätzliche Ausdehnung nach hinten hin bekommen. Soziokulturelle Eigenständigkeit wird bezüglich der Sexualität und der Freizeitgestaltung wesentlich früher erlangt. Außerdem sind, aus wirtschaftlichen Gründen, die Dauer der Gebundenheit an das elterliche Haus und die Angewiesenheit des Erhaltes finanzieller Mittel gestiegen. Die Beschreibung der Lebensbedingungen wird durch die Veränderungen auf dem Arbeitsmarkt und den gestiegenen Qualifikationsanforderungen verschärft, so dass der Weg zur individuellen Persönlichkeitsentwicklung beider Geschlechter von hohen Anpassungsleistungen geprägt wird.

1.2 Jugend in der Gesellschaft

In der alternden deutschen Bevölkerung wird die Jugendgeneration als eine gesellschaftliche Minderheit immer mehr an den Rand gedrängt. Obwohl Deutschland ca. über 85 Millionen Einwohner hat, beträgt der Anteil der 12- bis 18-Jährigen nur 8%. Ende 2000 lebten in Deutschland nur noch 4,7 Million Kinder. Die drastische Reduzierung der Geburtenraten in den letzten 30 Jahren und der Rückgang der Mortalitätsrate sind ein Beweis für die alternde Gesellschaft. Die dramatische Rückentwicklung der Geburtenraten ist eine Begleiterscheinung auf veränderte Familientypen und die vielfältigen Formen des Familienzusammenlebens. Gravierende Ausdifferenzierungsmerkmale sind in der drastischen Reduzierung der Eheschließungsziffern, in der Zunahme nichtehelicher Lebens*abschnitts*gemeinschaften und der Zunahme der sog. Ein-Kind-Familien. In den neuen Bundesländern betrug die Zahl der Alleinerziehenden im Jahre 2000 rund 583.000, welche rund ein Drittel von der Gesamtzahl der Familien mit Kindern ausmachte.

Die Zahlen der demographischen Analysen belegen eine eindeutige Aussage bezüglich der Veränderungen der familiären Lebenswelten. Es gibt immer weniger Kinder pro Familie und die Tendenz bleibt stabil.

Analysen zeigen welche Folgen Überalterung in der Gesellschaft mit sich ziehen. Die Struktur des (deutschen) Staates ist so aufgebaut, dass die Jugendgeneration eine tragende Bedeutung dem Erhalt des sozialen Rentensystems nehmen muss. Aus diesem Grund verdient die Jugend als eigenständige Lebensphase besonderen Respekt und bedarf einer zunehmenden Aufmerksamkeit.

Auf Grund der wachsenden Verantwortung werden folgende Prognosen aufgestellt:

• Durch sinkende Fertilität (Geburten) und gleichzeitige Abnahme der Mortalität (Todesfälle) ist davon auszugehen, dass die Einwohneranzahl zur Mitte des Jahrhunderts um mehr als 20 Millionen Menschen sinken wird.
• Der prozentuale Anteil der „Über-60-Jährigen" verdoppelt sich bis 2050 auf fast 40 % und bereits 2035 wird mehr als die Hälfte der Bevölkerung die 50-Jahre-Grenze überschritten haben.
• Es besteht eine Verschiebung des Gleichgewichts zwischen Jung und Alt zu Gunsten der älteren Generation[3].

1.3 Jugend mit Migrationhintergrund in der deutschen Gesellschaft

In der deutschen Politik wurde die Tatsache, Deutschland sei ein „Einwanderungsland", ziemlich lange verleugnet. Spätestens seit der Arbeitsmigration in der Nachkriegszeit haben sich die Struktur der Bevölkerung, sowie das soziokulturelle Leben, angefangen vor ca. 40 Jahren bis heute, besonders in Westdeutschland stark verändert. Diese Veränderung zu einer Multikulturalität ist ein andauernder Prozess, der von unterschiedlichen Gruppen der Zuwanderer abhängt, die allerdings unter sich keine homogene Struktur darstellen.

Neben der Staats- und der ethnischen Zugehörigkeit unterscheidet man diese Gruppierungen auch nach folgenden Kriterien: Grund der Einreise nach

---

[3] Wolf-Dietrich Brettschneider, Kinder und jugendliche mit Migrationhintergrund und Sport, S.45

Deutschland, Rechts- und Aufenthaltsstatus in Deutschland, Bildungsniveau, soziale Lage im Herkunftsland usw.

Trotz der vielen Ungleichheiten weisen die Zuwanderergruppierungen einige wichtige Gemeinsamkeiten auf, die der Verschiebung des demographischen Gleichgewichts entgegenwirken:

- Die Migration nach Deutschland geschieht überwiegend im jüngeren Lebensalter.
- Aufgrund der hohen Geburtenraten ist die ausländische Wohnbevölkerung deutlich jünger als die deutsche Wohnbevölkerung.
- Seit 2000 haben ausländische Jugendliche, die ausländischen Pass besitzen das Recht die deutsche Staatsangehörigkeit zu erlangen, wenn ein Elternteil mindestens 8 Jahre in Deutschland gelebt hat.

Aufgrund des Staatsangehörigkeitsrechts, dass seit dem Jahr 2000 existiert, ist die absolute Zahl der mit einer ausländischen Staatsangehörigkeit im Jahr 2000 geborenen Kinder im Vergleich zum Jahr 1999 von 95.216 auf nur noch 49.778 stark gesunken.[4]

Der Anteil der Ausländer ohne deutschen Pass betrug im Jahre 2000 rund 9 %. Dennoch stellen Jugendliche mit Migrationhintergrund eine bedeutende Minderheit dar. Im Jahre 1999 besaßen die Eltern von 12,5 % der Neugeborenen in Deutschland beide einen ausländischen Pass. Weitere 7 % stammten aus binationalen Ehen, 2% kamen als nichteheliche Kinder ausländischer Mütter auf die Welt. Wenn man die Kinder von Eltern dazuzählt, die als Einwanderer die deutsche Staatsangehörigkeit bekommen haben, eine doppelte Staatsangehörigkeit besitzen oder selbst aus Einwandererfamilien stammen, steigt deren Zahl auf mehr als 30%. Es wird erwartet, dass die Zahlen im gesamten Gebiet Deutschlands in den nächsten Jahren weiterhin ansteigen werden.

Von den 7,3 Millionen ausländischen Mitbürgern kommt der größte Teil mit ca. 80 % aus anderen Ländern Europas. Die türkischstämmigen Zuwanderer bilden mit

---

[4] Vgl. Boos-Nüning,Karakasoglu, Kinder und Jugendliche mit Migrationshintergrund und Sport,S.319

knapp zwei Millionen Menschen die Mehrheit[5] . Dieser Mehrheit folgen Jugoslawen mit 9 %, Italiener mit 8 %, mit ca. 5 % die Griechen und die Polen mit ca. 4 %. Demnach ist fast jeder zehnte in Deutschland lebende Bürger ein Ausländer.

Die drastische Reduzierung der Geburtenraten beträgt heute in der früheren Bundesrepublik Deutschland im Durchschnitt 1,3 und der alten DDR 0,8 Geburten pro Jahr. 1999 betrug der Anteil bei Deutschen unter 30 Jährigen ca. 32 % und bei Ausländern ca. 47 %. Dass dieser Anteil den Untersuchungen nach auch in den nächsten Jahren weiter ansteigen wird, ist unumstritten.

Zwei Drittel aller ausländischen Kinder unter 18 Jahren sind in Deutschland geboren. Die meisten Kinder und Jugendliche besitzen die Nationalität der Ursprungsstaaten. Dabei ist zu anzumerken, dass die Zahl der Migranten ansteigt, die nicht aus der Heimat der typischen Gastarbeiter der 50 bis 70-er Jahre stammen, und mittlerweile in den Familien und Schulen über 100 verschiedene Sprachen gesprochen werden.

Hier wird deutlich, dass diese Zielgruppe von großer Bedeutung ist und alle Maßnahmen, die zur Integration führen sollen, sich durch bzw. im Sport am besten realisieren lassen. Eine ausführliche Übersicht zur Integration im Sport wird im Kapitel 4 gezeigt.

2 Die multikulturelle Entwicklung in der BRD und im Sport

Viele Menschen mit unterschiedlichen Kulturen, Wertvorstellungen, Normen, Handlungsweisen, Denkweisen, Religionen und auch Sprachen kommen weltweit aus verschiedensten Gründen zusammen. Sie leben freiwillig oder gezwungenermaßen in demselben sozialen Raum. Ein Grund dieses Zusammenkommens und Zusammenlebens ist, die in den 60er Jahren in die BRD erfolgte Arbeitsmigration. Seit fast 40 Jahren leben in der Bundesrepublik Deutschland ausländische Bürger aus verschiedenen Ländern. Sie kamen als „Gastarbeiter" im Rahmen eines Rotationsprinzips in eine industrialisierte

---

[5] Ihre Geschichte wird kurz in Kapitel 3.1 dargestellt

Arbeitswelt. Die notwendigen kommunikativen Mittel zur Bewältigung der alltäglichen Probleme haben sie erworben.

Für einen weitergehenden Spracherwerb jedoch gab es keinen weit reichenden Grund, denn ihr Aufenthalt in Deutschland beschränkte sich entsprechend dem Rotationsprinzip auf kurze Zeit. Dieser Zustand sagte auch vielen Arbeitern zu, denn ihre politischen und wirtschaftlichen Probleme blieben trotz des längeren Aufenthaltes in Deutschland. Dies war einer der vielen Gründe für den längeren bzw. dauerhaften Aufenthalt der Arbeiter. Die Familienangehörigen wurden teilweise später nachgeholt. Die Bundesrepublik Deutschland verwandelte sich somit nach einer langen Zeit von Monolingualität in eine mehrsprachige und multikulturelle Gesellschaft. Dieser Zustand veränderte die Kommunikation unter Menschen sowie die Einstellungen gegenüber der fremden Sprache und den fremden Menschen.

Die meisten zugewanderten Familien haben in einem wohlhabenden Land, nämlich im Westen der BRD, ein neues Zuhause gefunden. Da die Lebens- und Erfahrungsräume der Kinder und Jugendlichen sehr vielfältig sind, ist es grundsätzlich erforderlich, dass die Kinder und Jugendlichen mit Migrationhintergrund in allen, den Sport betreffenden Themen berücksichtigt werden.[6]

2.1 Zur Migrationgeschichte der türkischen Zuwanderer in Deutschland

Aus heutiger Sicht hat die Migrationgeschichte der größten in Deutschland lebenden Zuwanderungsgruppe, die der türkischstämmigen Menschen sowie der anderen ethnischen Bevölkerung, die 40-Jahres-Grenze überschritten. Ein im Jahre 1961 abgeschlossenes Anwerbeabkommen mit der Türkei bedeutete für die Zuwanderer hoffnungsvolle, jedoch auch ungewisse Zukunftsperspektiven.

Für die deutsche Wirtschaft und Politik war dieser Schritt nichts weiter, als eine vorübergehende und provisorische Deckung des damals herrschenden Arbeitermangels. Infolge dieser Art der Migration entstanden viele Probleme, die

---

[6] Boos-Nüning,Karakasoglu, Kinder und Jugendliche mit Migrationhintergrund und Sport,S.319

nicht einkalkuliert waren. Heute zählt das Statistische Bundesamt 2,4 Millionen Mitbürger mit türkischer Nationalität, wobei sich diese Zahl durch die neuen Einbürgerungen seit 2000 knapp unter zwei Millionen eingependelt hat.ethnische Sportvereine existieren in Berlin sowie in anderen Großstädten Westdeutschlands seit etwa den 80er Jahren. 48 nichtdeutsche anerkannte Sportvereine von 1.600 sind in Berlin registriert. Unter den anerkannten sind 33 türkische Vereine.[7]

Im Jahr 1999 wurde festgestellt, dass türkische Selbstorganisationen mit einem Anteil von 17 % eine große Rolle im Spektrum einnehmen.[8] Gerade die türkische Bevölkerung, oder auch andere muslimische Bevölkerungsgruppen, stehen aufgrund ihrer islamischen Religion im Gegensatz zu anderen südeuropäischen Arbeitsmigranten wie z.B. Italiener, Spanier oder Portugiesen, im größeren Kontrast zur christlich-deutschen Bevölkerung, da ihre Gegensätze erheblich stärker sind, als die der Anderen.

Diese angesprochene Fremdheit drückt sich bei einigen Deutschen in fortdauernde Ablehnung und zum Teil sogar in Provokationen und Hass aus. Insgesamt kann man feststellen, dass ein Informations- und Kulturaustausch kaum stattfindet. Ein wichtiger Beitrag zur Minderung dieser Mängel ist die interkulturelle Öffnung im Sport, die im nächsten Kapitel unter Integration im Sport näher erläutert wird.

2.2 Jugend mit Migrationhintergrund im Sport

In heutigen modernen Gesellschaften wie in Deutschland wird der soziale Status durch unterschiedliche Kriterien bestimmt, wie z.B. Bildungsabschlüsse Einkommen, Berufskarriere. Jugend und deren Schulkarrieren stehen oftmals in direktem Zusammenhang mit dem sozialen Stand der Eltern.

Eine Untersuchung von Schmidt (2003) bezüglich der Sportvereinsmitgliedschaft und Sozialschicht zeigt, dass Kinder aus höheren Schichten deutlich mehr in

---

[7] Die ausführliche Bedeutung der ethnischen Vereine wird im Kapitel 3.2.3 näher erläutert.

[8] Boos-Nüning,Karakasoglu, Kinder und Jugendliche mit Migrationhintergrund und Sport,S326.

Vereinen angemeldet sind. Auch im Bezug auf eine höhere Schulkarriere wird dies bestätigt. Während 62% der Gymnasiasten der Klasse 5/6 in mindestens einem Verein war, lag die Anzahl der Hauptschüler bei 39%. Weitere Kinder-Stichproben in kommerziellen Sporteinrichtungen bestätigen die Überrepräsentanz der weiblichen Gymnasiastinnen (54%) im Vergleich zu weiblichen Hauptschülerinnen. Diese Differenzwerte deuten auf eine Selektionsfunktion des Sportvereins.

Auffällig sind in diesen Analysen[9] ,dass Migrantenkinder sowohl im Verein als auch in kommerziellen Einrichtungen mit (33,3 %) im Vergleich zu Deutschen (54,4%) deutlich unterrepräsentiert sind.

3 Integration im Sport

In Kapitel 2 und 3 wurde die Bedeutung der Jugendlichen mit Migrationhintergrund in der Gesellschaft erläutert und auf die Möglichkeit der Integration durch Anbindung an den Sport hingewiesen. Untersuchungen zur sportlichen Betätigung der Zielgruppe zeigen die Wichtigkeit des Sports bei ihrer Freizeitgestaltung, so dass die wichtigsten Voraussetzungen bereits schon erfüllt sind. In folgenden Unterkapiteln werden die Daten der Zielgruppen zusammengefasst und es stehen Kinder und Jugendliche mit Migrationhintergrund im Mittelpunkt, sowie deren Teilnahme beim Sport.

3.1 Forschungen und kulturelle Differenzen

3.1.1 Daten der Beteiligung am Sport

Im Bereich der Forschung gibt es eine Menge an Untersuchungen, die sich mit Jugendlichen und Sport auseinandersetzen, in denen aber nicht speziell Jugendliche von Zugewanderten berücksichtigt werden. Die meisten Untersuchungen, die sich mit Jugendlichen mit Migrationhintergrund beschäftigen, beinhalten weniger die Frage nach sportlichen Aktivitäten, sondern eher Fragen über Diskriminierung oder zu Schule und Beruf, usw. Einige wenige Untersuchungen, der in diesem Bereich durchgeführten Studien, sind mittlerweile

---

[9] Werden in Kapitel 4.1 ausführlich dargestellt

nicht mehr aktuell und lassen sich auf die heutige Generation nicht mehr übertragen.

Abel kritisierte 1984 schon, dass in diesen Studien die Rolle der ausländischen Kinder und Jugendlichen in der Sporttheorie nicht genügend berücksichtigt wurden. Auch Klein berichtet 1998 zu diesem Thema, denn er ist auch der Auffassung, dass die sportwissenschaftliche Forschung der Zuwanderung und den daraus folgenden soziokulturellen Folgen bisher viel zu wenig Beachtung erhielt. [10] Im Folgenden werde in diesem Forschungsgebiet drei Untersuchungen dargestellt und deren Ergebnisse analysiert.

3.1.2 Daten der Zielgruppen

In der Untersuchung des **Deutschen Jugendinstituts „Wie Kinder ihren multikulturellen Alltag erleben"** wurden nicht-deutsche Kinder und Jugendliche aus Köln, Frankfurt und München befragt. Die meisten befragten Probanden nannten Sporttreiben als ihre Lieblingsbeschäftigung. Unter den 10 bis 11-Jährigen waren über die Hälfte der Jungen, aber nur ein Fünftel der Mädchen, Vereinsmitglieder. Die Jungen aus Migrantenfamilien unterscheiden sich kaum von deutschen Jungen. Bei den Mädchen ist jedoch ein anderes Ergebnis zu verzeichnen. Während 58% der deutschen Mädchen (DJI; 2000) am organisierten Sport teilnehmen, betreiben mit nur 21% ausländische Mädchen Sport im organisierten Bereich. Allein diese Zahlen deuteten auf eine Problemgruppe, die sich hinter den aus Migrantenfamilien stammenden Mädchen verbirgt, die an dem organisierten Sport desinteressiert sind. Diese Zielgruppe wird im Verlauf der Arbeit näher betrachtet.

In einem anderen Vergleich bezüglich der Freizeitaktivitäten zwischen deutschen Kindern und Jugendlichen mit Migrationhintergrund weist diesmal die **Shell Studie 2000** auf diese Fakten hin: Während 15% der deutschen Jungen und 24 % der deutschen Mädchen keinen Sport treiben, sind es 16% der türkischen Jungen und 47 % der türkischen Mädchen, die dieser Beschäftigung fern bleiben.

---

[10] Vgl. Boos-Nüning,Karakasoglu, Kinder und Jugendliche mit Migrationhintergrund und Sport,S.321

Aus dieser gleichen Studie ergaben sich folgende Ergebnisse: 41 % der westdeutschen Bürger treiben ihren Sport in ethnisch gemischten Gruppen, bei den Jugendlichen mit Migrationhintergrund sind es 65 %. Ein Teil von 14% treibt Sport ausschließlich mit ausländischen Freunden. Dies liegt der Tatsache zugrunde, dass ein Teil der Jugendlichen ihre sportlichen Aktivitäten und die Freizeit allgemein im Rahmen der eigenen Ethnie oder der erweiterten Familie verbringt und lässt als Fazit auch zu erkennen, dass sowohl deutsche als auch ausländische Jugendliche Sport am liebsten in Gruppen oder Mannschaften ausüben. Lediglich 9% der deutschen und 6% der ausländischen „Sportler und Sportlerinnen" sind an Einzelsportarten interessiert. Hauptursachen sind räumliche Segregation und die fehlende Infrastruktur in Regionen mit hohem Anteil der ausländischen Bevölkerung. Wiederum sind Mädchen im starken Maße benachteiligt, die ihre Freizeit fast ausschließlich zu Hause bzw. im Familienkreis verbringen. Der Sport spielt für diese Gruppierung keine Rolle bei der Freizeitgestaltung.

Eine weitere Untersuchung wurde im Jahre 2002 zur **„Lebenssituation von Mädchen und jungen Frauen aus Zuwandererfamilien"**, im Auftrag des Bundesministeriums für Familie, Senioren, Frauen und Jugend unter der Leitung von **Boos-Nünning und Karakaşoğlu,** durchgeführt. Dabei kam es zu folgendem ähnlichen Ergebnis wie die von DJI durchgeführten *„Wie erleben Kinder und Jugendliche ihren multikulturellen Alltag"* -Studie.

Von den 950 befragten Mädchen und Frauen im Alter von 16 bis 21 Jahren mit griechischem, türkischem, ex-jugoslawischem und italienischem Migrations-hintergrund gaben weniger als ein Drittel *Sport treiben* als eine wichtige Freizeitbeschäftigung an. Freizeitbeschäftigungen wie z.B. *Musik hören, shoppen gehen, Kino, Fernsehen* oder *Familienfeste besuchen*, ist bei den Mädchen und Frauen von größerer Bedeutung. Nur 12% der befragten Mädchen gaben an, Sportstätten oft oder sehr oft zu besuchen, aber 45% wünschen sich mehr Möglichkeiten, um öfter Sport treiben zu können. Dabei stehen Selbstverteidigungskurse, gefolgt von Mädchensportgruppen an erster Stelle.

Alle vorliegenden Untersuchungen haben gezeigt, dass der Sport bei der Freizeitgestaltung, sowohl bei den deutschen Jugendlichen als auch bei den Jugendlichen mit Migrationhintergrund eine wichtige Rolle spielt. Auffällig ist hierbei nur, dass Sport bei den ausländischen Jugendlichen fast nur bei den Jungen eine Rolle spielt.

Zusammenfassend kann man sagen; Sport ist also nicht nur Wettkampf, sondern verbinde Kinder und Jugendliche unterschiedlicher Herkunft und trägt somit auch zu Integration bei. Auffällig ist aber auch die geschlechterspezifische Differenzierung. Fakt ist, dass Deutschland sich in den nächsten Jahren durch Zuwanderung nachhaltig kulturell verändern wird. Davon werden auch die Sportverbände und der Sport selbst betroffen sein. Zu den in Deutschland aufgewachsenen Kindern mit Migrationhintergrund werden auch noch neue Kinder und Jugendliche von Zuwanderern hinzukommen. Bei den künftigen empirischen Studien müssen diese Zielgruppen besonders beim Thema „Jugendliche und Sport" berücksichtigt werden. Um bei den Auswertungen ein für die Forschung relevantes Ergebnis zu erhalten, sollte den Probanden die Möglichkeit geboten werden, in ihrer Landessprache zu antworten um missverständliche Antworten und die verschiedensten Interpretationen auszuschließen.

3.2 Bedeutung der ethnischen Vereine

Die Diskussionen über ethnische Vereine nahmen in den letzten Jahren zu. Die Gründung dieser Vereine wurde lange Zeit als negativ bewertet und die Zunahme der ethnischen Vereine, denen ausschließlich Personen mit Migrationhintergrund angehören, gibt den Anschein, sie würden sich von der deutschen Gesellschaft isolieren. Obwohl ihr Anteil an der Gesamtzahl der Vereine und Mitglieder nicht genau bekannt ist, gewinnen die ethnischen Vereine ungebremst an Bedeutung.

Das Alter der türkischen Sporttreibenden spielt eine interessante Rolle bei der Vereinszugehörigkeit. Mit zunehmendem Alter sinkt der prozentuale Anteil der türkischen Spieler bei deutschen Vereinen. Während türkische Kinder bis zu 15 Jahren in Berlin noch zu 70 % in deutschen Vereinen spielen, sind es bei den unter

18-Jährigen 60 %, bei den 19 bis 21-Jährigen ca. 45 % und den über 22-Jährigen nur noch 20 %.[11]

Ethnische Sportvereine existieren in Berlin sowie in anderen Großstädten der alten Bundesländer seit den 80er Jahren. 48 nichtdeutsche anerkannte Sportvereine von 1.600 sind in Berlin registriert. Unter den anerkannten sind 33 türkische Vereine. Die Vereine entstehen aus Freizeitgruppen und Freundeskreisen und basieren auf dem steigenden Anteil der ausländischen Jugendlichen und der immer mehr an Bedeutung gewinnenden ethnischen Communities. Diese Entstehung wird seitens der Sportvereine und der Funktionäre stark kritisiert. Nach dem Landessportbund Niedersachsen sollen eigenethnische Vereine den Einstieg der Migranten in den organisierten Sport ermöglichen, wobei dieser Weg nicht zu verteidigen sei. Auch der LSB NRW äußert sich für die Förderung gemeinsamer Vereine.

Die Anzahl der ethnischen Vereine wird in den nächsten Jahren wohl steigen. Dies liegt zum einen daran, dass der Anteil der Kinder mit Migrationhintergrund zunimmt und sog. Communities für die Gesellschaft der Migranten eine bedeutende Rolle spielen. Der Landessportbund Nordrhein-Westfalens äußerte sich am 11. Dezember 2001 in seinem Positionspapier zu diesem Thema folgendermaßen:

„ Die Sportorganisationen erkennen die Zuwanderung uneingeschränkt als gleichberechtigte Form des organisierten Sports an. Daneben werden sie ihre Bemühungen verstärken, der Abwanderung in eigenethnischen Vereine entgegenzuwirken und die Bindungskraft an einen gemeinsamen Verein zu stärken."[12]

Die negative Einstellung gegenüber den ethnischen Vereinen gibt es schon seit längerer Zeit. Schon in der Grundsatzerklärung des Deutschen Sportbundes von 1981 wurden die Vereine nur als *„Übergangslösung"* beschrieben. Auch der Beschluss der Sportministerkonferenz der Länder „Integration ausländischer Mitbürger durch Sport" von 1983 sieht die Eingliederung von Migranten in Sportvereinen als wünschenswert, lehnt jedoch die Bildung von ethnisch

---

[11] Boos-Nüning,Karakasoglu, Kinder und Jugendliche mit Migrationhintergrund und Sport,S.327
[12] Karakasoglu und Boos Nünning, Erster Deutscher Kinder- und Jugendsportbericht , 2003, S.327

organisierten Vereinen generell ab. Die Vereine haben sich aber in der Gesellschaft verfestigt und ziehen viele Kinder und Jugendliche mit Migrationhintergrund an.

Die Bildung von Vereinen lässt sich einfach erklären: in eigenen ethnischen Sportvereinen gewinnen Jugendliche an Selbstwertgefühl und fühlen sich in der Herkunftsgesellschaft zu Hause, bauen Zukunftspläne auf und lernen dort das soziale Regelwerk des gesellschaftlichen Miteinanders. Die bestehenden, deutschen Sportvereine haben es nicht geschafft aus der Veränderung der Gesellschaft die Konsequenzen zu ziehen und sich den Kindern und Jugendlichen interkulturell zu öffnen. Solange sich ausländische Mitbürger in Vereinen ausgeschlossen fühlen oder mit ihrem kulturellen Hintergrund nicht aufgenommen fühlen und demnach nicht eingegliedert sind, werden in Zukunft noch eine Menge ethnischer Vereine in allen Bereichen der Gesellschaft gegründet werden.

3.3 Muslimische Mädchen im Sportunterricht

3.3.1 „Verweigerung am Sportunterricht"

Es ist unumstritten, das der Bereich Religiosität muslimischer Mädchen im Sport bis heute nur lückenhaft analysiert ist und eine Forschungslücke zwischen Religiosität und Sportunterricht besteht.
Probleme mit der Eingliederung von Kindern und Jugendlichen und mit ausländischen Kulturen gibt es jedoch nicht nur im Bereich der Sportvereine, die in vorherigen Kapiteln erläutert wurden, sondern auch im Bereich des Schulsports.

Die Weigerung, am Sportunterricht teilzunehmen, beruht auf eine islamisch-fundamentalistische Weltanschauung und ist erschwerend für die Integration der muslimischen Mädchen innerhalb der Gesellschaft, die schon in der Schule anfängt. *„Orthodox-islamische Positionen wie der Widerstand gegen die Teilnahme am koedukativen Sportunterricht und am Schwimmunterricht werden von Seiten* *der Lehrer und Lehrerinnen sowie der Schulverwaltung vor allem als Störung des regulären und gewohnten Ablaufs des Schulalltags wahrgenommen.)*[13]

Hier gilt es besonders erhebliche traditionelle Barrieren zu durchbrechen, um dem interkulturellen Verhältnis gerecht zu werden. Dies betrifft besonders muslimische Mädchen im Sportunterricht. Obwohl in Nordrhein-Westfalen und im gesamten Bundesgebiet weniger als die Hälfte aller ausländischen Mädchen türkische Vorfahren haben, wird immer dann, wenn es zu Diskrepanzen zwischen deutschen und ausländischen Kulturen kommt, auf diese Gruppe von Migranten verwiesen.

„ Dreh- und Angelpunkte einer Wahrnehmung dieser Gruppe als `problematisch`, scheinen in vielen Fällen religiös vermittelte Werte und Normen des Elternhauses zu sein, die sich nicht mit den Bildungszielen der deutschen Schule oder Gesellschaft decken".[14]

3.3.2 „Drei an der Diskussion beteiligten Gruppierungen"

Besonders an Schulen in den industriell geprägten Gebieten, die einen hohen Anteil an muslimischen Mädchen aufweisen, kommt es häufig zu Auseinandersetzungen wenn es um den Sportunterricht handelt. Viele der muslimischen Mädchen weigern sich am Sportunterricht teilzunehmen.

Es gibt hier drei große Gruppen die sich an der Diskussion beteiligen.

Die erste Gruppe, die sich mit der öffentlichen Diskussion über die Berücksichtigung islamischer Werte im deutschen System beschäftigt, bilden Vertreter der „Mehrheitsgesellschaft", die ihr pädagogisches Konzept für alle verbindlich verstehen.

Eine weitere Gruppe stellen die deutschen und türkischen „Laizisten" dar die Vertreter der Mehrheitsgesellschaft unterstützen und vor Gefahren einer fundamentalen Unterwanderung warnen, und sich dabei für die Trennung von Staat und Religion engagieren.

---

[13] Erster Deutscher Kinder- und Jugendsportbericht , 2003, s.330, Karakasoglu und Boos Nünning
[14] Erster Deutscher Kinder- und Jugendsportbericht , 2003, s.328-329, Karakasoglu und Boos Nünning

Die dritte Gruppe sind die „muslimischen Selbstorganisationen" mit einem orthodox-konservativen Islam- Verständnis.

Bei den kulturellen Konflikten kommt es häufig vor, dass Gerichte aufgerufen werden, wie z.b. das Bundesverwaltungsgericht in Berlin. In einem Fall vom 25.08.1993 entschied das Gericht, unter Berücksichtigung des Paragraphen 4.GG, Religionsfreiheit, dass die muslimischen Schülerinnen am Sportunterricht teilnehmen müssen. Hier spielt als Grundlage für diese Entscheidung der Gerichte das Säkularitätsverständnis der Bundesrepublik Deutschland eine wichtige Rolle. Der Staat definiert sich demnach als weltanschaulich neutral und besagt somit, dass der Staat „ *Respekt vor den Überzeugungen der Menschen, in die er nicht eingreifen darf, sondern deren freie Entfaltungsbedingungen er politisch-rechtlich zu sichern hat".* [15]

In Deutschland hat besonders die christliche Kirche eine bedeutende Stellung in der Gesellschaft im sozialen Bereich. Die islamische Religionsgemeinschaft hat hier zu Lande keine Struktur, sondern organisiert sich in Dachverbänden und Vereinen. Der Islam muss sich erst seine Stellung dem Staat gegenüber erarbeiten. Die Rolle der muslimischen Interessensvertretung übernehmen in Deutschland die organisierten Vereine und Dachverbände. Der Islam ist als Religion von staatlicher Seite nicht anerkannt, was den christlichen und jüdischen Religionsgemeinschaften zuteil ist. Kürzlich haben die Zeugen Jehovas der Stellung eine Körperschaft öffentlichen Rechts vor Gericht zugesprochen bekommen. Dem Islam, dem eine viel größere Anzahl an Gläubigen in Deutschland angehört, bekommt diese Anerkennung verwehrt.

3.3.3 „Lösungen, Vorschläge"

Nun ist zu diskutieren ob vom Angriff auf die demokratische Grundordnung gesprochen werden kann, wenn man mit der Frage konfrontiert wird, warum muslimische Mädchen am regulären Sportunterricht nicht teilnehmen. Es würden

---

[15] Erster Deutscher Kinder- und Jugendsportbericht , 2003, s.329, Karakasoglu und Boos Nünning

unterschiedliche Antworten fallen, wie z.B. die *zugewanderten Kinder und Jugendliche sollen sich hier anpassen und endlich lernen, sich „normal zu verhalten"*. Vergleicht man das traditionelle Leben der Muslime mit dem der deutschen Gesellschaft, so wird schnell klar, dass es zu Konflikten untereinander kommen kann. Dass ein muslimisches Mädchen seine eigene Religion in Frage stellen soll ist das Ziel der Aufnahmegesellschaft. Dies ist nicht die Aufgabe der Schule und würde das Misstrauen der Schülerin gegenüber der Schule und dem Sport verstärken.

Nach Ansicht des Mädchens besagt der Islam, dass sich sowohl Männer als auch Frauen zu jeder Zeit über ihre Geschlechtlichkeit bewusst sein müssen. Dies soll durch äußere Barrieren, d.h. durch die Aufteilung in Männer- und Frauenräume und die klare Trennung von Geschlechtsrollen gewährleistet werden. Die Ursachen für diese orthodox-islamische Haltung liegen aber nicht im Koran, sondern in der Geschlechtererziehung und der Tradition. Es gibt nämlich Muslim, die sowohl am Schwimm- und allgemeinen Sportunterricht teilnehmen. Um die Beweggründe der muslimischen Mädchen - am Sportunterricht nicht teilzunehmen- verstehen zu können, muss man sich erst einmal mit den traditionellen Normen und Werten der islamischen Kultur auseinandersetzen. Das *„sich weigern"* kann auch von zu Hause aus angeordnet werden, ohne die Willen des Kindes zu beachten. Ein Gespräch mit den Eltern besonders mit dem Vater, kann den Lehrkräften einen Einblick geben, wie die Schülerin zu Hause erzogen wird.

Andererseits, Anspruch auf Toleranz in einer demokratischen Gesellschaft haben auch diejenigen, die sich der Mehrheitsgemeinschaft nicht zugehörig fühlen. Sport beschäftigt sich in diesem Zusammenhang mit religiösen Gedanken nicht, aber er hat eine erhebliche Chance für die Integration, und sollte statt einem trennenden Dialog, einen verbindenden Dialog für die interkulturelle Öffnung bewirken und die Beteiligung am Sport fördern.

3.4 Integrationsprogramme

Das Bundesministerium des Innern finanziert langfristig angelegte Projekte, die der Integration der ausländischen Kinder, Jugendlichen und Erwachsenen über den Sport dienen sollen. Das Ziel soll über unterschiedliche Module erreichbar sein. Dazu zählen Stützpunktvereine, Veranstaltungen, Starthelfer, Qualifizierung der Mitwirkenden und Sport-Action-Mobile mit einer hohen Anzahl von Aktionen.

Es konnten durch die Programme Angebote zum Sporttreiben erweitert und neu errichtet werden, es gelang jedoch nicht, diese mit nicht sportorientierten Institutionen oder mit den Migrantenselbstorganisationen in Verbindung zu setzen. Es wurde auch nicht ermöglicht, die Migranten den bestehenden Vereinen näher zu bringen, so dass die Projekte nur als vorübergehende Lösung konstatiert werden können. Um den Abbau der Vorurteile gegenüber Jugendlichen mit Migrationhintergrund zu unterstützen, sollten besonders Personen im erzieherischen Bereich den Kontakt zu den Eltern suchen und über die Probleme und Traditionen mit den Eltern reden. Gerade in einer multikulturellen Gemeinschaft sollte Toleranz an erster Stelle stehen und allen beteiligten bewusst sein, dass auch andere Existenzen anerkannt und akzeptiert werden müssen, um den interkulturellen Dialog fördern zu können. Zusammenfassend zeigt sich, dass Migranten an den sportlichen Betätigungen interessiert sind, aber die tatsächliche Beteiligung das Gegenteil beweist.

3.5 Ausländerfeindlichkeit im Sport

Es wurde früh erkannt, dass das Medium Sport neben seiner sozial integrativen Wirkung noch einige andere Möglichkeiten bietet, um den interkulturellen Prozess zu fördern. Der Sport ist eine besondere Möglichkeit und kann im Kampf gegen Rassismus und Fremdenfeindlichkeit eingesetzt werden.

Der Fußball steht hierbei aus drei verschiedenen Gründen an erster Stelle. Zum einen treffen sowohl in nationalen Wettbewerben, als auch bei internationalen Wettbewerben Spieler unterschiedlicher Nationen aufeinander. Dabei ist das

Phänomen von Rassismus und rechtsradikaler Orientierung, das häufig bei deutschen Fußballfans beobachtet wird, nicht zu verachten. Außerdem stehen besonders Fußballstadien als Austragungsorte rassistischer, verbaler und körperlicher Gewalt im Vordergrund. Ein Potential an Hooligans mit rechtem Gedankengut gibt es nach wie vor. Es wurde auch beobachtet, dass oftmals fremdenfeindliche Fans aus der Fußballwelt mit rechten Parteien in Verbindung stehen[16].

Die Mehrheit der deutschen Sportorganisationen leugnet das Problem des Rassismus, darunter auch der Deutsche Fußball Bund. Dabei deuten sie in den Stadien ausschließlich auf die positiven Seiten des Fußballs hin und heben unter anderem auch auf die Fähigkeiten zur Integration hervor. Obwohl man heute sagen kann, dass sich die Gewaltbereitschaft mehr und mehr reduziert hat, ist das Problem der Fremdenfeindlichkeit und des Hooliganismus noch lange nicht aus den Stadien verbannt.

Da die bevorstehende Fußballweltmeisterschaft 2006 im eigenen Land ausgetragen wird, muss man dem Thema „Kampf gegen Fremdenfeindlichkeit" besondere Aufmerksamkeit schenken, damit das Großereignis des Jahres durch seine sportliche Qualität, und nicht wegen Auseinandersetzungen zwischen deutschen und ausländischen Fans in Erinnerung bleibt.

4 Fazit

In meiner Ausführung habe ich versucht, verschiedene Aspekte - Analysen und Probleme - der beiden Phänomene „Jugend" und „Migration" im Sport, mit Hilfe der vorhandenen Literatur [17] zusammen zu bringen. In Analysen standen im Mittelpunkt der inhaltlichen Aspekte des Themengebiets „Migration".

---

[16] Boos-Nüning,Karakasoglu, Kinder und Jugendliche mit Migrationhintergrund und Sport,S.333
[17] Der Erste Jugend und Sportbericht, 2003, Schmidt

Ich habe durch die mir vorhandene Literatur einen tieferen Einblick der aktuellen Situation in diesem Bereich bekommen können und konnte neue Erkenntnisse sammeln, aber auch eigene aus dem Vereinssport vorhandene Erfahrungen wieder finden.

Es wurde deutliche, dass der Sport ein Medium ist, das besonders gute Möglichkeiten aufweist um zur interkulturellen Verständigung beizutragen und die Jugend in der modernen Gesellschaft unserer heutigen Zeit komplexer und vielfältiger Natur ist.

Sowohl als Unterrichtsfach in Schulen als auch in selbst organisierten Institutionen ist Sport die Nr. 1 für Jugendliche. Die vorliegenden Untersuchungen haben auch gezeigt, dass der Sport bei der Freizeitgestaltung, sowohl bei den Deutschen als auch bei den Jugendlichen mit Migrationhintergrund eine wichtige Rolle spielt.

Zu den in Deutschland aufgewachsenen Kindern mit Migrationhintergrund werden auch noch neue jugendliche Zuwanderer hinzukommen. Mein Wunsch ist, bei den künftigen empirischen Studien Jugendliche mit Migrationhintergrund beim Thema „Jugendliche und Sport" besonders zu berücksichtigt.

5   Literaturverzeichnis

1. Wolf-Dietrich Brettschneider, Jugend, Jugendliche und ihre Lebenssituation
S. 43 – 61 und Boos-Nüning, Ursula/ Karakaşoğlu, Yasemin, Kinder und
Jugendliche mit Migrationshintergrund und Sport S. 319 - 335 , in Werner Schmidt/
Ilse Hartmann-Tewes/ Wolf-Dietrich Brettschneider (Hrsg.), Erster Deutscher
Kinder und Jugendsportbericht, Schorndorf 2003,

2. Karakasoglu, Türkische Muslime in NRW, Pulheim,1995

3. Migration und Emanzipation, Projekleitung Karakasoglu,Opladen,1995